Aleksandra Zhezova
Tatjana Boshkov

A Comunicação da GRH e a Satisfação dos CCH no Sector Bancário

Aleksandra Zhezova
Tatjana Boshkov

A Comunicação da GRH e a Satisfação dos CCH no Sector Bancário

ScienciaScripts

Imprint

Any brand names and product names mentioned in this book are subject to trademark, brand or patent protection and are trademarks or registered trademarks of their respective holders. The use of brand names, product names, common names, trade names, product descriptions etc. even without a particular marking in this work is in no way to be construed to mean that such names may be regarded as unrestricted in respect of trademark and brand protection legislation and could thus be used by anyone.

Cover image: www.ingimage.com

This book is a translation from the original published under ISBN 978-620-2-07370-7.

Publisher:
Sciencia Scripts
is a trademark of
Dodo Books Indian Ocean Ltd. and OmniScriptum S.R.L publishing group

120 High Road, East Finchley, London, N2 9ED, United Kingdom
Str. Armeneasca 28/1, office 1, Chisinau MD-2012, Republic of Moldova, Europe
Printed at: see last page
ISBN: 978-620-7-85912-2

CONTEÚDO

CAPÍTULO 1. INTRODUÇÃO

Ao longo da história da humanidade, a sociedade mudou à medida que o conhecimento, os recursos, o desenvolvimento humano, a tecnologia, a ciência, o direito e a cultura evoluíram. As organizações também mudaram ao longo dos anos, adaptando-se às tecnologias emergentes, às capacidades laborais, aos mercados de produtos e serviços, à visão predominante do trabalho e do seu papel na vida humana, etc. A abordagem da gestão de pessoas também se alterou em resposta a todas as outras mudanças na sociedade e nas organizações. A gestão do pessoal tem as suas origens no século XIX, como consequência do reconhecimento, por parte dos gestores, empresários e políticos, da necessidade de compensar os piores aspectos da exploração dos trabalhadores que tinham surgido durante a Revolução Industrial. Os sindicatos também estavam a emergir como uma força potente que representava os direitos dos trabalhadores mais ou menos na mesma altura. Este período pode ser descrito como o período da justiça social na gestão de pessoal. Posteriormente, a tónica mudou e passou a ser colocada nos recursos humanos, na formação e na organização do trabalho, em especial durante a Primeira e a Segunda Guerras Mundiais, quando as mulheres começaram a ser recrutadas para funções tradicionalmente desempenhadas por homens. Desde então, muitas outras mudanças - incluindo o aumento dos níveis de educação, padrões de vida mais elevados, atitudes em relação ao trabalho, legislação, globalização e tecnologia - forçaram as organizações a tornarem-se mais sofisticadas na utilização que fazem das pessoas no trabalho, pelo que a gestão de pessoal se transformou em GRH, a fim de responder mais eficazmente às necessidades das organizações modernas (Torrington et al., 2005).

A análise da influência do capital humano no sucesso da carreira tem um papel crucial para cada indivíduo num ambiente turbulento no mercado de trabalho. O sector bancário também é intensivo em capital humano e desempenha um papel fundamental para os bancos atingirem os seus objectivos e oferecerem serviços aos seus clientes. Atualmente, o rápido progresso da tecnologia, a globalização e os princípios do progresso da "economia do conhecimento" são dominantes. Esta é a razão para qualquer indivíduo que esteja a construir a sua própria carreira pensar em como ser o melhor e como melhorar a qualidade do seu trabalho. Assim, pode reconhecer-se aqui o mercado de trabalho cada vez mais competitivo, que elimina os "jogadores fracos" devido à sua incapacidade de se adaptarem às tendências modernas e às necessidades do pessoal.

O livro determina que a gestão de recursos humanos (GRH) no sector bancário deve incluir programas de planeamento estratégico de recursos humanos em toda a estratégia dos bancos. Isto sublinha o significado essencial da conceção de uma política de recrutamento eficaz com estas estratégias, bem como a formulação e implementação de uma política de recompensa ativa. Além disso, os bancos devem incluir uma formação e um desenvolvimento mais activos para os empregados.

A investigação neste livro mostra a análise das categorias de correlação mencionadas e baseia-se em 474 trabalhadores do sector bancário da Sérvia e da Macedónia. Análises como o teste do Qui-quadrado, o teste U de Mann-Whitney, o teste Z de Kolmogorov-Smirnov e a regressão linear provam o impacto significativo do desenvolvimento do capital humano dos trabalhadores no sucesso da carreira, visto através de diferentes posições hierárquicas num determinado sector.

CAPÍTULO 2. REVISÃO DA LITERATURA

A gestão dos recursos humanos (GRH) foi durante muito tempo negligenciada no sector empresarial do país, onde uma pequena parte, constituída principalmente por empresas multinacionais, a praticava. Com a crescente perceção da necessidade de uma gestão adequada dos recursos humanos no sector empresarial, esta tornou-se uma atividade importante. Atualmente, o responsável pela gestão de recursos humanos é um membro importante das equipas de topo de qualquer empresa próspera. Embora a ideia seja nova para muitas empresas locais onde os empresários estão no início da curva de aprendizagem, na realidade o tema está a receber apoio dos empresários organizados.

Nas últimas décadas, surgiram quatro abordagens principais que procuram explicar a forma como os recursos humanos devem ser entendidos em relação às organizações que os empregam. Fombrum et al. (1984) sugeriram que os seres humanos devem ser considerados como um recurso, não diferente, na sua essência, de qualquer outro recurso de uma organização. Esta abordagem da gestão de recursos humanos começou com a identificação da estratégia empresarial, que foi depois convertida numa estratégia de gestão de recursos humanos. Esta passou então a constituir a base das políticas e práticas de GRH adoptadas para obter os resultados pretendidos. Beer et al. (1984, 1985) adoptaram o ponto de vista das partes interessadas sobre as pessoas nas organizações. Embora "de cima para baixo", ao adotar uma necessidade empresarial e um enfoque estratégico para o papel das pessoas (tal como no modelo anterior), implica que as pessoas são mais do que um recurso estático a considerar apenas como substitutos de máquinas. Este modelo defende que as pessoas são seres pensantes, dinâmicos e interactivos dentro das organizações que podem acrescentar valor. Este modelo propõe quatro áreas principais de exigência política para se obter o máximo benefício das pessoas (influência dos trabalhadores na gestão e na empresa; fluxo de recursos humanos para dentro, para fora e dentro da empresa; sistemas de recompensa; e sistemas de trabalho).

Schuler e Jackson (1987, 1996) sugeriram uma ligação entre a estratégia de uma organização e os comportamentos dos trabalhadores necessários para a concretizar. Identificaram duas opções estratégicas que representam formas alternativas de competir num determinado mercado. Trata-se da minimização dos custos e da inovação. O modelo sugere estratégias adequadas para os trabalhadores associadas a cada uma delas. Por exemplo, as estratégias de redução de custos exigem comportamentos repetitivos e previsíveis; trabalhadores com uma gama de competências reduzida; e baixos níveis de envolvimento dos trabalhadores no trabalho. Em contrapartida, uma estratégia inovadora exige uma focalização a longo prazo; flexibilidade e mudança por parte dos trabalhadores; tolerância à ambiguidade e à incerteza; e elevados níveis de envolvimento dos trabalhadores no trabalho. As políticas de recursos humanos adequadas à estratégia escolhida devem ser desenvolvidas e aplicadas.

De acordo com este modelo, o que importa não é a estratégia adoptada, mas sim que a política e as práticas de RH sejam coerentes com a estratégia escolhida.

Desenvolvido no Reino Unido por Hendry et al. (1989), este modelo propõe cinco elementos principais interligados que podem influenciar a forma como as pessoas serão geridas em qualquer contexto organizacional específico. São eles:

• *Contexto externo.* Este contexto representa as forças sociais, económicas e culturais externas que têm impacto numa organização. Inclui também as influências que têm impacto na organização decorrentes das condições do sector e do mercado.

• *Contexto interno.* Este contexto representa os factores organizacionais que têm impacto na forma como as pessoas são utilizadas. Estes factores internos podem incluir a cultura, a estrutura, a rentabilidade, a tecnologia, os produtos ou serviços, o estilo de gestão e a política.

• *Contexto da estratégia empresarial.* Este contexto representa o efeito da estratégia empresarial adoptada pela organização na gestão das pessoas.

• *Contexto da gestão dos recursos humanos.* Este contexto reflecte a filosofia subjacente da empresa sobre a forma como as pessoas devem poder contribuir para o seu funcionamento e operar no seu seio.

• *Conteúdo relativo à gestão dos recursos humanos.* Este conteúdo representa a abordagem da gestão de pessoas praticada pela organização em termos dos seus sistemas de recompensa, relações com os trabalhadores, organização do trabalho, etc.

O modelo de Hendry et al. demonstra a complexidade do ambiente de gestão das pessoas nas organizações. Os cinco elementos em interação reflectem as forças que actuam sobre as organizações e que criam uma situação dinâmica e fluida difícil de gerir. Um aspeto que não aparece com força em nenhum dos quatro modelos descritos é o efeito do indivíduo e dos grupos na forma como a GRH é praticada nas organizações. Os indivíduos e os grupos de trabalhadores nem sempre têm a mesma perceção das coisas que os gestores e, mesmo que seja esse o caso, podem optar por não cumprir as intenções dos gestores. O modelo de Hendry et al. reflecte o ponto de vista de que a GRH não "pertence" a especialistas porque são os gestores de linha que são responsáveis pela gestão dos seus subordinados. Por conseguinte, defendem que todos os elementos de uma organização estão ativamente envolvidos na gestão das pessoas como parte fundamental das suas responsabilidades diárias.

2.1. Revisão da literatura sobre gestão de recursos humanos nos bancos

A literatura no domínio da gestão dos recursos humanos centra-se na gestão eficaz dos recursos humanos das organizações. Esta é a razão pela qual os gestores das organizações estão interessados em conhecer melhor as práticas de recursos humanos para valorizar os trabalhadores (Boselie et al. 2001; Den Harrtog e Verburg 2004). De acordo com estas práticas de GRH, Teseema & Soeters (2006) estudaram oito delas. Estas práticas de GRH que são objeto de análise são o recrutamento e a seleção, a formação, a colocação, a remuneração, a avaliação dos trabalhadores, a promoção, o procedimento de reclamação e a pensão ou segurança social.

Se durante algum tempo a Gestão de Recursos Humanos foi insignificante, atualmente assume uma importância estratégica para o mundo empresarial (Schuler et al. 1993; Teagarden e Von Glinow 1997). Tendo em conta que cada colaborador tem de construir a sua carreira e ser bem sucedido no mercado de trabalho, é normal reconhecer o interesse crescente nos recursos humanos para o sucesso da organização (Lado e Wilson 1994; Wright et al.1994). Stone (1998) observa que "a gestão dos recursos humanos é parte do problema ou parte da solução para obter a contribuição produtiva das pessoas". Além disso, o sucesso de uma carreira é definido como o progresso de uma pessoa com as suas actividades. Assim, uma carreira pode ter um trabalhador numa empresa ou em várias. O trabalhador também planeia a sua carreira. É guiado por certas síndromes de atitude, necessidades, valores e talentos (Schein, 1978).

CAPÍTULO 3. CAPITAL HUMANO

A maioria das definições de capital humano baseia-se na ideia de que este representa o "valor" total das competências, capacidades, experiência e motivação dos trabalhadores de uma organização. Neste contexto, o valor deve ser entendido no sentido económico do termo. O capital humano é um termo estreitamente relacionado com o capital social, que reflecte o valor da interação "de confiança" (coordenação informal, cooperação e inovação) entre indivíduos. Por conseguinte, o capital humano (e o capital social) deve ser avaliado em termos de custos e benefícios, tal como qualquer outro recurso.

Mayo (2001) propôs o termo "monitor do capital humano". Este foi concebido como uma expressão baseada numa fórmula da contribuição (valor acrescentado) das pessoas em termos financeiros e não financeiros. É composto por dois elementos, cujos resultados seriam somados:

• *As pessoas como activos* Inclui o custo do emprego, as contribuições, a capacidade, o potencial e o alinhamento dos valores com os preferidos pela direção.

• *Motivação e empenhamento das pessoas.* Isto inclui elementos do ambiente de trabalho, incluindo liderança, recompensa, reconhecimento, aprendizagem e desenvolvimento.

Os resultados destas duas categorias dariam origem a uma terceira categoria, que designou por "contribuição das pessoas para o valor acrescentado". Esta consistiria em medidas qualitativas e quantitativas de dados e deveria centrar-se na criação de riqueza e não apenas no lucro. O problema aqui é, obviamente, determinar como "medir" e comparar a informação recolhida em cada um destes factores. Do mesmo modo, a noção de que o capital humano é "mensurável" obriga-o a ser subserviente ao imperativo financeiro - ignorando assim a forma criativa e adaptável como as pessoas podem responder ou lidar com situações (se motivadas para o fazer) que desafiam a aplicação de tal lógica.

De acordo com o CIPD (2007), existem diferentes tipos de dados que podem ser utilizados para medir o capital humano, incluindo

• *Demográficos.* Os dados desta categoria procurariam refletir medidas da composição da força de trabalho, como a idade, o sexo e a origem étnica.

• *Recrutamento e retenção.* Os dados desta categoria procurariam refletir medidas sobre a atividade de recursos, incluindo o número de candidaturas recebidas para vagas, o número de pessoas que saem (e por que razão), o tempo de serviço e o tempo necessário para preencher vagas, etc.

• *Formação e desenvolvimento.* Os dados relativos a esta categoria incluem o número de dias de formação ministrados, o custo da formação, os tipos de formação ministrados, o tempo necessário para que os formandos atinjam níveis de competência elevados, dados sobre lacunas na formação, etc.

• *Desempenho.* Os dados desta categoria incluem as práticas, os processos e os procedimentos de gestão do desempenho, os níveis de desempenho alcançados, as tendências, os objectivos e as realizações em matéria de produtividade e rentabilidade, os níveis de satisfação dos clientes, os índices de fidelização dos clientes, etc.

• *Opinião.* Os dados desta categoria serão obtidos a partir de inquéritos sobre a atitude dos trabalhadores, dos clientes e dos fornecedores, bem como de grupos de reflexão, etc.

A utilização do balanced business scorecard tem um papel a desempenhar na medição da contribuição do capital humano. Recorde-se que o balanced scorecard exige o desenvolvimento de medidas de desempenho estratégico em quatro categorias:

• Financeiro.

• Processos empresariais internos.

• Cliente.

• Aprendizagem e crescimento.

A intenção aqui é fornecer um meio de avaliar o grau em que uma organização está a progredir na realização dos seus objectivos estratégicos. Do mesmo modo, o benchmarking é outro conceito-chave deste livro que tem uma relevância muito direta para a determinação das métricas do capital humano. Para além de compreender o capital humano e as suas ramificações nas organizações, é necessário considerar a forma de o comunicar às várias partes interessadas que terão uma necessidade e utilização legítimas dessa informação.

O CIPD (2007) sugere que há uma série de grupos de partes interessadas que terão interesse em aspectos da gama de informações sobre o capital humano. Por exemplo:

• *Accionistas.*

Trata-se dos proprietários legais de uma empresa que têm interesse na informação relativa a factores susceptíveis de influenciar o desempenho financeiro a longo prazo do seu investimento.

• *Clientes.*

Esta categoria de partes interessadas precisa de ter garantias sobre questões como a qualidade dos produtos e serviços oferecidos por uma organização a longo prazo. Além disso, querem saber se receberão um bom serviço no que respeita ao processamento e entrega das encomendas, bem como ao apoio pós-venda.

• *Empregados.*

Estas partes interessadas querem conhecer os planos, as intenções e o desempenho de uma organização. Querem ter a certeza de que o seu investimento na organização, em termos de esforço e empenhamento, é valorizado e suscetível de ser recompensado a longo prazo. Também querem saber se os seus empregos e rendimentos a longo prazo estão seguros e como podem desenvolver-se a si próprios e às suas competências.

• *Gestores.*

Esta categoria tem muitas das mesmas necessidades de informação sobre o capital humano que os trabalhadores, mas, devido à sua função na organização, terá requisitos adicionais. Por exemplo, precisam de ser capazes de tomar as medidas adequadas para gerir e melhorar o desempenho da empresa, o que tem uma ligação óbvia com as pessoas que nela trabalham.

Enquanto os relatórios internos sobre questões relacionadas com o capital humano estão geralmente generalizados - com base nas ideias e nos enquadramentos acima referidos - os relatórios externos sobre o capital humano são geralmente bastante limitados e baseiam-se normalmente na obrigação de cumprir a necessidade de disponibilizar uma declaração sobre questões susceptíveis de afetar o desempenho da empresa.

O CIPD (2003) sugeriu um quadro para a comunicação externa de informações sobre o capital humano, que inclui indicadores primários e secundários. As principais rubricas de informação são:

• A estratégia do capital humano.

• A aquisição e retenção de recursos humanos.

• O desenvolvimento dos recursos humanos.

- Questões de gestão e liderança.

- O desempenho do capital humano.

O CIPD (2007) propôs que a informação interna sobre o capital humano se baseasse nos seguintes princípios

- Deve ser fiável e passível de controlo.

- Deve ser acompanhada de uma explicação adequada.

- Deve ser apresentado de uma forma que seja facilmente compreensível para o público.

- Deve estar relacionado com as necessidades da empresa.

- Deve permitir aos gestores identificar as acções adequadas para melhorar o desempenho da empresa.

O CIPD (2006) identificou as quatro etapas seguintes como base para a produção de informações de boa qualidade sobre o capital humano:

1. Comece com os dados básicos e a análise que se limita à identificação de tendências e padrões e ao seu significado.

2. Demonstrar a integridade dos dados, assegurando a sua exatidão, fiabilidade e valor para o público a que se destinam.

3. Avançar para níveis mais elevados de recolha de dados que procurem demonstrar o valor de determinados processos de gestão das pessoas, permitindo assim que os gestores vejam como a sua ação pode ter impacto no desempenho.

4. Identificar os factores de desempenho da empresa e as suas implicações em termos de recursos humanos para utilização na recolha e comunicação de dados sobre o capital humano.

CAPÍTULO 4. GESTÃO DA CARREIRA

A gestão da carreira consiste em equilibrar as necessidades do indivíduo com as necessidades da organização. Faz inevitavelmente parte do processo de planeamento dos recursos humanos e está intimamente ligada ao planeamento da sucessão, ao desenvolvimento dos trabalhadores e ao desenvolvimento da gestão. Por conseguinte, numa perspetiva individual, a gestão da carreira reflecte as práticas e os processos de desenvolvimento que a pessoa empreende quando procura prosseguir o seu trabalho específico e as suas preferências profissionais ao longo do tempo. Do ponto de vista organizacional, a gestão de carreiras reflecte as políticas e práticas adoptadas para garantir a disponibilidade interna de um número adequado de pessoas com formação e capacidade adequadas, necessárias à organização a todos os níveis da hierarquia, a curto, médio e longo prazo.

Como tal, a gestão de carreiras tem um papel importante a desempenhar no recrutamento e retenção de indivíduos de alto calibre que, através do desenvolvimento da carreira e das oportunidades oferecidas por uma organização, descobrem que as suas aspirações pessoais coincidem com as da organização. É claro que nunca pode haver uma correspondência garantida ou específica a longo prazo entre as aspirações de carreira de um indivíduo e as da organização empregadora. Os indivíduos podem desenvolver interesses e procurar oportunidades que o empregador não pode oferecer; um indivíduo pode procurar uma promoção numa altura em que o empregador não tem essa oportunidade disponível; um empregado pode procurar alterar o seu equilíbrio entre a vida profissional e a vida privada.

Do mesmo modo, o empregador pode decidir alterar a sua atividade no futuro, o que pode ter um impacto negativo nas futuras oportunidades de emprego para os indivíduos; como parte do planeamento da sucessão ou da diversidade, uma organização pode decidir nomear pessoas do exterior, reduzindo assim as oportunidades disponíveis para os trabalhadores existentes; ou pode acontecer que, durante uma recessão ou abrandamento económico, o despedimento tenha impacto na carreira de um indivíduo. Consequentemente, a gestão da carreira nunca é uma combinação perfeita entre as necessidades de um indivíduo e a capacidade da organização para as satisfazer (ou vice-versa). O equilíbrio é, na melhor das hipóteses, ótimo, na medida em que, durante períodos de tempo não especificados, as necessidades e expectativas de ambas as partes podem ser satisfeitas.

King (2004) identificou uma série de princípios que, segundo ele, estão na base de uma gestão eficaz da carreira numa organização. São eles:

• *Consistente.* As mensagens sobre oportunidades e intenções de carreira são recolhidas por um indivíduo a partir de muitas fontes, incluindo a sua chefia direta, especialistas em RH e práticas da empresa. É necessário assegurar a coerência da informação para que as oportunidades potenciais sejam conhecidas sem que sejam criadas expectativas irrealistas.

• *Proactiva.* A gestão de carreiras é um ato de equilíbrio baseado num vasto leque de pressupostos. É necessário que a prática da gestão de carreiras tenha em conta a evolução das necessidades empresariais e organizacionais, sendo proactiva na forma como procura alinhar os indivíduos com as oportunidades.

• *Colaborativo.* Exige que os empregadores e os trabalhadores trabalhem em conjunto para satisfazer as necessidades e expectativas de ambas as partes.

• *Dinâmica.* A necessidade de flexibilizar as práticas de gestão da carreira e de assumir compromissos em relação às opções de carreira para responder à evolução das necessidades e expectativas dos indivíduos e da organização à medida que as circunstâncias mudam.

• *Envolvimento dos quadros superiores.* Este objetivo só pode ser alcançado se os trabalhadores virem que os gestores de topo o levam a sério e estão preparados para prestar um apoio significativo.

• *Integração com outras estratégias empresariais e de RH.* Se a gestão de carreiras não estiver efetivamente ligada a outras estratégias, parecerá que favorece um "pequeno número de escolhidos" por razões que não estão relacionadas com o talento, o potencial ou as necessidades da empresa.

King (2004) também sugeriu que a gestão eficaz da carreira contém cinco componentes:

1. *Planeamento e apoio à carreira.* Isto implica actividades que incluem a definição de objectivos através de planos de desenvolvimento pessoal, avaliações e análises de desenvolvimento, programas de desenvolvimento e experiência profissional.

2. *Informação e aconselhamento sobre a carreira.* Trata-se de actividades que incluem aconselhamento e orientação profissional, workshops e cursos de carreira.

3. *Missões de desenvolvimento.* Trata-se de actividades que incluem destacamentos externos ou internos, missões de projeto e acompanhamento do trabalho, bem como missões internacionais.

4. *Mercados de trabalho internos e processos de atribuição de postos de trabalho.* Isto envolve actividades que incluem a publicidade interna de oportunidades de emprego e o incentivo a candidaturas internas, bem como processos de recrutamento eficazes e completos.

5. *Iniciativas destinadas a populações específicas.* Isto envolve actividades que incluem a deteção de talentos, esquemas de desenvolvimento de elevado potencial, planeamento da sucessão, esquemas de entrada de licenciados, gestão da diversidade, centros de desenvolvimento e avaliação e gestão de mudanças de carreira.

Uma questão interessante no âmbito da gestão de carreiras é saber a quem (se é que alguém) pertence uma "carreira". É propriedade de cada trabalhador; é propriedade da organização empregadora; ou é uma responsabilidade conjunta? Esta é uma questão importante por muitas razões, uma vez que tem um impacto direto sobre quem deve tomar a iniciativa de planear a gestão da carreira e a atividade de desenvolvimento, e quem deve assumir a responsabilidade de assegurar que a carreira de um indivíduo se desenrola de forma adequada tanto para o indivíduo como para o empregador. Não é uma questão fácil de responder, pois há muitas perspectivas associadas à evolução da carreira que terão impacto tanto nos indivíduos como nas organizações. Por exemplo, o indivíduo obtém uma série de benefícios de uma carreira, tais como uma recompensa financeira, satisfação no trabalho, estatuto, estilo de vida, etc. Mas, para isso, tem de encontrar uma organização ou organizações que lhe ofereçam oportunidades adequadas, desenvolvimento e incentivo. Por outro lado, as organizações também beneficiam de estratégias e políticas de gestão de carreira eficazes. Por exemplo, é mais provável que tenham um elevado número de trabalhadores motivados, níveis elevados de retenção de trabalhadores, níveis mais elevados de produtividade e uma reputação positiva entre os trabalhadores actuais e potenciais, bem como entre os clientes, fornecedores e a comunidade em geral. É evidente que a gestão de carreiras traz benefícios mútuos, mas isso não dá resposta à pergunta inicial, pois, por exemplo, o facto de uma organização não prestar um apoio eficaz à gestão de carreiras não significa que os trabalhadores não tenham carreiras ou estratégias próprias de gestão de carreiras, mas apenas que o farão em seu próprio benefício, o que pode não trazer qualquer vantagem para o atual empregador. Por outro lado, nenhuma organização pode obrigar um trabalhador a realizar actividades de gestão ou desenvolvimento de carreira contra a sua vontade. Os recursos externos podem sempre fornecer "pessoas" para preencher qualquer posto de trabalho.

Algumas pessoas (um número não quantificável) estarão satisfeitas com os seus empregos actuais e não estarão interessadas, ou talvez sintam que não conseguem lidar com a maior responsabilidade ou compromisso que uma progressão na carreira implica. Além disso, podem existir razões pessoais, familiares, organizacionais ou outras para que um indivíduo não procure uma oportunidade de progressão na carreira. Pringle e Gold (1989) concluíram que apenas cerca de 25% dos inquiridos tinham planos para o futuro e que uma combinação de sorte, o facto de estarem no lugar certo no momento certo e a oportunidade lhes proporcionava "hipóteses" de promoção e de progressão na carreira. No entanto, se a entidade patronal não assumir alguma responsabilidade pela gestão da carreira, os trabalhadores dispostos a gerir as suas próprias carreiras fá-lo-ão e os que não o conseguirem estagnarão, o que não ajuda a organização a alcançar o estatuto de elevado desempenho tão procurado atualmente. As outras razões que levam as organizações a interessarem-se pelo desenvolvimento da carreira incluem a forte possibilidade de os indivíduos que estão dispostos e são capazes de assumir a responsabilidade pela gestão da sua própria carreira procurarem oportunidades fora das oferecidas pelo atual empregador (em detrimento do antigo empregador). Um inquérito sobre gestão de carreiras realizado pelo CIPD (2003) revelou que 95% dos inquiridos consideravam que, no futuro, se esperaria que os indivíduos assumissem a responsabilidade pelas suas próprias carreiras e que 90% consideravam que as organizações deviam oferecer apoio para que isso acontecesse.

Recorrendo a uma série de fontes, Torrington et al. (2005) identificaram uma série de estratégias que podem ser adoptadas por um indivíduo na prossecução de objectivos de gestão de carreira, tanto numa única organização como no mundo do trabalho em geral:

• *Auto-nomeação/apresentação.* Assegurar que os quadros superiores estão cientes dos desejos de carreira de um indivíduo e da sua vontade de assumir mais responsabilidades.

• *Procura de orientação profissional e de um mentor. Procurar* ativamente aconselhamento, orientação e patrocínio de fontes internas e externas à organização.

• *Atração interpessoal.* Estabelecer relações de trabalho eficazes, em especial com a chefia direta - que tem um impacto óbvio no acesso a oportunidades de promoção e de progressão na carreira.

• *Trabalho em rede.* Estabelecer contactos, dentro e fora da organização, que possam fornecer informações e redes de apoio geral.

• *Envolvimento alargado no trabalho e equilíbrio entre vida profissional e familiar.* O indivíduo torna-se indispensável, estando preparado para fazer "tudo o que é preciso fazer". No entanto, isso pode ser feito à custa de um equilíbrio entre o trabalho e outros interesses/compromissos e não é sustentável a longo prazo.

• *Desenvolver competências e não só competências.* Estar consciente da necessidade de desenvolver um leque mais vasto de competências, mas também ser competente na obtenção de resultados com exatidão e dentro dos prazos.

• *Criar oportunidades.* Procurar oportunidades para pôr em prática os outros itens desta lista.

• *Recolher informações e compreender as tendências do mercado.* Compreender o que se passa na organização, na área local, na indústria e na economia, etc.

• *Ter consciência dos pontos fortes e fracos pessoais.* Conhecer as limitações e os pontos fortes de cada um ajuda a evitar erros e a identificar as áreas em que pode ser necessário apoio.

• *Cuide da sua saúde, bem-estar e boa forma física. Para* ser física e mentalmente capaz de enfrentar os rigores da vida profissional moderna, é necessário levar estas questões a sério.

• *Responder rapidamente às mudanças nas necessidades da empresa.* Ser flexível na adaptação à mudança de prioridades e tendências nas necessidades da empresa e nos requisitos do trabalho evita a estagnação das competências.

• *Desenvolver os meios para melhorar o desempenho pessoal e a empregabilidade futura.*

- Estar preparado para mudar de entidade empregadora quando uma relação vantajosa para ambas as partes já não se aplica. Reconhecer que, em última análise, a realização da carreira é uma responsabilidade pessoal que pode ou não estar de acordo com as necessidades ou intenções do empregador atual.

4.1. Gestão de carreiras nos bancos

Criar um melhor e mais diversificado conjunto ou portefólio de competências e conhecimentos é certamente o problema mais importante de cada pessoa com um perfil profissional específico. Isto porque o investimento na melhoria dos conhecimentos e das competências cria uma melhor posição no mercado de trabalho e, por conseguinte, a possibilidade de ganhar mais dinheiro. Uma maior consciência destes activos intangíveis detidos por um indivíduo e pela organização para a qual trabalha, tentou definir e clarificar a noção do tipo de capital "invisível".

Os sistemas de recursos humanos são a base para melhorar a qualidade dos serviços no sector bancário. Pfeffer (1994) afirmou que ter uma boa gestão dos recursos humanos significa proporcionar lealdade, empenhamento ou vontade. Isto conduzirá a um esforço suplementar em prol dos objectivos das organizações.

O capital humano é o nível de conhecimentos e competências que são recomendados e caracterizados por um trabalhador e que determinam, assim, a sua contribuição para a produtividade de uma organização, bem como a dimensão dos seus rendimentos. O sucesso na carreira, para além de critérios objectivos baseados nos conhecimentos e valores que constituem o capital humano, pode ser definido como um sentimento psicológico positivo relacionado com as realizações no trabalho. Assim, o sucesso na carreira iniciado pelo capital humano pode ser dividido em dois grupos:

- objetivo de sucesso na carreira relacionado com o nível de rendimento e realizado a posição na hierarquia da organização.

- sucesso subjetivo na carreira, relativo à satisfação com o trabalho.

No sector bancário, espera-se que todos os trabalhadores tenham um elevado desempenho. Assim, as práticas de recursos humanos são revistas, pelo que a gestão de recursos humanos é uma das funções bancárias que registou mudanças significativas nas últimas décadas. A posição atual da gestão de recursos humanos está relacionada com a expansão global da atividade, as inovações tecnológicas e a concorrência que caracteriza o ambiente em que as empresas operam hoje em dia, e o sector bancário macedónio e sérvio não é exceção a este desenvolvimento global.

4.2. Competências e benefícios

O ponto de partida para pensar na competência é reconhecer que existe uma diferença entre o que alguém sabe e o que pode efetivamente fazer. Por exemplo, há uma enorme diferença entre uma criança que sabe (digamos) conduzir um carro porque observou alguém e brincou com um volante de brinquedo e uma criança que é efetivamente capaz de conduzir um carro real de forma adequada, segura e sem acidentes. Existe uma tensão intrínseca entre o que alguém pode saber e o que, na prática, pode efetivamente fazer com esse conhecimento. O movimento das competências procurou afastar-se da aquisição de conhecimentos por si só e centrar-se no que as pessoas podem efetivamente fazer após qualquer intervenção. Num contexto organizacional, a ênfase nas competências, em vez de nos conhecimentos, deve garantir um impacto detetável na eficácia operacional e no desempenho.

Existe algum debate sobre a relação (se é que existe) entre os termos 'competência', 'competência' e 'aptidão' em relação a este tópico. Alguns autores e, de facto, profissionais tendem a considerar os termos como permutáveis, enquanto outros vêem uma diferença entre eles. Por exemplo, a competência já foi definida acima como reflectindo amplamente os requisitos comportamentais que têm impacto no desempenho profissional. A competência, por outro lado, pode referir-se à capacidade de um indivíduo para cumprir efetivamente o que é exigido em termos de resultados. Na condução de um automóvel, uma pessoa seria considerada competente quando passasse no exame de condução - poderia demonstrar que conseguia cumprir o padrão esperado. Mas, como é óbvio, sempre que a pessoa conduz o seu automóvel, tem a oportunidade de demonstrar que é um condutor competente (e de adquirir competências adicionais). A distinção entre competência e aptidão é menos fácil de identificar, uma vez que, no seu sentido mais lato, uma aptidão reflecte a capacidade de "fazer" algo. Por exemplo, a aptidão pode ser definida como "capacidade ou perícia praticada". Esta definição sugere que uma pessoa com uma aptidão é "competente" para efetuar determinadas tarefas específicas, o que também implica o termo "competência". Boyatzis (1982) ultrapassou esta dificuldade sugerindo que (com base numa definição muito semelhante à acima referida) a competência incluía qualquer um ou todos os elementos seguintes:

• *Traços.* Este aspeto da competência reflecte as características ou qualidades inatas que um indivíduo possui e que têm impacto no seu desempenho no trabalho.

• *Motivos.* Algumas pessoas são motivadas a apresentar um desempenho superior e a alcançar bons resultados por muitas razões.

• *Competências.* Este aspeto seria uma competência no sentido tradicional do termo, tal como acima descrito.

• *Autoimagem.* A autoimagem que um indivíduo tem de si próprio influencia a forma como interpreta o mundo que o rodeia e as suas circunstâncias e, consequentemente, constitui a base da forma como decide interagir com essas situações.

• *Papel social.* Este aspeto da competência reflecte as normas e os comportamentos sociais aceitáveis e convencionais que existem num determinado contexto.

Neste sentido, Boyatzis considera a competência como algo mais do que a habilidade no sentido tradicional do termo. Alguns dos factores da lista anterior podem ser manipulados e/ou incentivados em resultado de intervenções organizacionais. Por exemplo, as políticas de gestão de carreiras podem ajudar a motivar os indivíduos a obterem um desempenho elevado, mas é difícil influenciar ou mesmo medir alguns dos factores da lista anterior no que se refere à obtenção de um desempenho profissional superior. É o comportamento dos trabalhadores que é objeto de medição e avaliação em termos de perfil de competências como contributo para o sucesso da equipa e/ou da organização. Por exemplo, o CIPD identificou dez competências essenciais que constituem as normas profissionais para as pessoas que trabalham no domínio dos RH. Como tal, estas são as competências gerais que todos os profissionais devem aspirar a possuir, mas cada nível e área de especialização na prática de RH terá competências específicas relevantes para essa função. Cada disciplina empresarial (marketing, finanças, etc.) terá os seus próprios quadros de competências semelhantes a estes e, naturalmente, existirão quadros semelhantes para muitas outras áreas de trabalho nas organizações e em sectores específicos.

1. *Dinamismo e eficácia pessoais*. A existência de uma mentalidade positiva, "capaz de fazer", ansiosa por encontrar formas de contornar os obstáculos e disposta a explorar todos os recursos disponíveis para atingir os objectivos.

2. *Gestão e liderança de pessoas*. A motivação dos outros (subordinados, colegas, superiores hierárquicos ou membros de equipas de projeto) para a realização de objectivos comuns, não só através da aplicação da autoridade formal, mas também através da modelação pessoal de uma abordagem de colaboração, do estabelecimento de credibilidade profissional e da criação de confiança recíproca.

3. *Compreensão do negócio*. Adoção de uma perspetiva empresarial (e não meramente funcional), incluindo uma consciência das questões financeiras e das responsabilidades dos processos e operações empresariais, das prioridades do "cliente" e da necessidade de cálculos de custo/benefício quando se contempla a melhoria contínua ou a mudança transformacional.

4. *Comportamento profissional e ético*. Possuir as competências profissionais e as capacidades técnicas, os conhecimentos especializados na matéria (nomeadamente jurídicos) e a integridade na tomada de decisões e na atividade operacional que são necessários para uma realização eficaz no domínio do pessoal e do desenvolvimento.

5 *Realização de resultados de valor acrescentado* Um desejo de não se concentrar apenas em tarefas, mas sim de selecionar responsabilidades significativas - para atingir objectivos que produzam resultados de valor acrescentado para a organização, mas simultaneamente para cumprir as obrigações legais e éticas relevantes.

6. *Aprendizagem contínua.* Empenho na melhoria contínua e na mudança através da aplicação de técnicas de aprendizagem autogeridas, complementadas, se for caso disso, por uma exposição deliberada e planeada a fontes de aprendizagem externas (tutoria, coaching, etc.).

7. *Pensamento analítico e intuitivo/criativo.* Aplicação de uma abordagem sistemática à análise da situação, ao desenvolvimento de planos de ação convincentes e centrados na atividade e (se for caso disso) à utilização do pensamento intuitivo/criativo, a fim de gerar soluções inovadoras e aproveitar as oportunidades de forma proactiva.

8. *Orientação para o "cliente".* Preocupação com as percepções dos clientes do pessoal e do desenvolvimento, incluindo (principalmente) a direção central da organização; vontade de solicitar e agir com base no feedback dos "clientes" como uma das bases para a melhoria do desempenho.

9. *Pensamento estratégico.* A capacidade de criar uma visão exequível para o futuro, de prever desenvolvimentos a longo prazo, de considerar opções (e as suas consequências prováveis), de selecionar linhas de ação sólidas, de ultrapassar os pormenores do dia a dia e de desafiar o status quo.

10. *Comunicação, persuasão e competências interpessoais.* Capacidade de transmitir informações a outras pessoas, especialmente sob a forma escrita (relatório), de forma persuasiva e convincente, e de demonstrar capacidade de escuta, compreensão e entendimento, bem como sensibilidade para os aspectos emocionais, atitudinais e políticos da vida empresarial.

O inquérito anual sobre aprendizagem e desenvolvimento realizado pelo CIPD (2007a) revelou que cerca de 60% das organizações inquiridas já dispunham de um quadro de competências na organização e que, dos restantes 40%, quase metade tencionava introduzi-lo num futuro próximo. Os inquiridos que não tinham planos imediatos para introduzir quadros de competências eram predominantemente pequenos empregadores com menos de 250 trabalhadores; talvez não seja um resultado inesperado, uma vez que podem não ter conhecimento deste tipo de disposições ou a experiência disponível para as desenvolver. Dos inquiridos que dispunham de quadros de competências, estes abrangiam pouco menos de 80% de todos os trabalhadores da organização e 50% referiram que utilizavam um único quadro de competências para toda a organização. Os termos mais utilizados para descrever as competências identificadas no inquérito foram os seguintes

- Competências de comunicação.

- Competências de equipa.

- Competências de serviço ao cliente.

- Capacidade de resolução de problemas.

- Gestão de pessoas.

- Orientação para os resultados.

De acordo com o inquérito do CIPD (2007a), as principais áreas de contribuição para os quadros de competências são as seguintes

- Contribuíram para a realização de uma gestão eficaz do desempenho.

- Contribuíram para a obtenção de uma maior eficácia dos trabalhadores

- Contribuíram para a obtenção de uma maior eficácia organizacional.

- Contribuíram para a realização de uma análise eficaz das necessidades de formação.

- Contribuíram para a realização de uma gestão eficaz da carreira.

Salaman e Taylor (2002) identificaram uma série de pontos fracos inerentes à aplicação da abordagem das competências em relação aos cargos de gestão, nomeadamente

- A ênfase no comportamento marginaliza o efeito sobre o sucesso de outros factores do contexto social, cultural e organizacional.

- A maior parte dos postos de trabalho dá ênfase a um conjunto pequeno e restrito de comportamentos e atitudes, ao passo que a maioria dos postos de trabalho de gestão envolve uma vasta gama de tarefas e requisitos.

- Há uma tendência para se concentrar nos requisitos de competência actuais e não no desenvolvimento da gestão a longo prazo.

- Há um pressuposto intrínseco de que a tomada de decisões e a ação dos gestores são sempre racionais e visam alcançar o melhor desempenho possível.

- Parte-se do princípio de que os gestores são orientados para os resultados, quando na prática têm de equilibrar muitas pressões concorrentes para decidir quais os resultados que devem ter prioridade.

Os benefícios dos trabalhadores são as recompensas que um trabalhador recebe para além do seu salário de base. Em termos gerais, as prestações podem ser classificadas como transaccionais, se fizerem formalmente parte do sistema de recompensas e tiverem um valor monetário, ou relacionais, se não forem formalmente quantificadas, mas reflectirem uma vantagem positiva obtida por um trabalhador em resultado de trabalhar para uma organização. As prestações são oferecidas pelos empregadores por duas razões. Em primeiro lugar, por razões comerciais, baseadas na necessidade de conceber sistemas de recompensa rentáveis que sejam capazes de atrair, reter e envolver os trabalhadores. Em segundo lugar, com base no imperativo moral de "cuidar" dos trabalhadores. Ao longo dos anos, a base para a concessão de prestações tem mudado entre estas duas razões, em função das condições sociais, do mercado de trabalho, políticas, comerciais e económicas prevalecentes.

Durante a década de 1990, tornou-se evidente que um vasto leque de factores desempenhava um papel na atração, retenção e envolvimento dos trabalhadores e que cada indivíduo tinha uma combinação diferente de razões para as suas decisões em matéria de emprego. Isto levou ao desenvolvimento do conceito de recompensa total, com ênfase na combinação de recompensas transaccionais e relacionais para maximizar o nível de impacto na atração, retenção e envolvimento dos trabalhadores. Brown e Armstrong (1999) desenvolveram uma matriz de quatro células para descrever o modelo de recompensa total, com três das quatro células relacionadas com o que seria classificado como benefícios no sentido mais lato do termo. Estas incluem benefícios transaccionais, tais como pensões, férias e cuidados de saúde, bem como benefícios relacionais associados às oportunidades de aprendizagem e desenvolvimento do emprego, da organização e da carreira. Incluem também benefícios relacionais associados ao estilo de liderança, à conceção do posto de trabalho, à qualidade da vida ativa e ao equilíbrio entre a vida profissional e a vida familiar.

Existem diferentes formas de agrupar em rubricas comuns a gama de diferentes prestações oferecidas por uma organização, mas estas baseiam-se geralmente no tipo de prestação. Por exemplo:

• *Prestações de segurança pessoal.* Estas prestações incluem uma pensão; cuidados de saúde;

morte em serviço; acidentes pessoais; subsídio de doença; indemnização por despedimento; subsídio por doença prolongada ou incapacidade; e serviços de recolocação/aconselhamento profissional. Algumas são obrigatórias por lei (subsídio de doença e indemnização por despedimento), mas muitas organizações oferecem condições mais vantajosas.

• *Prestações de assistência financeira.* Estas incluem assistência hipotecária; empréstimos da empresa; despesas de mudança; empréstimos de bilhetes de época; subsídios de deslocação (incluindo custos de combustível) e taxas para organismos profissionais.

• *Benefícios para as necessidades pessoais.* Estas incluem a licença de maternidade e de paternidade; licença por motivos pessoais (remunerada ou não); aconselhamento profissional; desenvolvimento da carreira e formação; a possibilidade de trabalhar em equipa; a existência de postos de trabalho bem concebidos; programas de assistência aos trabalhadores; instalações desportivas e sociais; descontos em produtos/serviços da empresa; a existência de boas/eficazes práticas de gestão; oportunidades de trabalho flexíveis; e creches ou vales para o acolhimento de crianças, etc.

• *Benefícios de afinidade.* Estes benefícios incluem a possibilidade de os empregados adquirirem cobertura médica e de seguro a preços reduzidos; vales/descontos de retalho; descontos em ginásios; aluguer de bicicletas e outros equipamentos, etc.

• *Férias.* Embora atualmente exista uma obrigação legal de conceder férias pagas, a maioria das organizações inclui este benefício como parte das suas obrigações contratuais.

• *Automóvel da empresa ou subsídio de automóvel.* Muitas organizações fornecem um automóvel da empresa (ou um subsídio de automóvel) aos trabalhadores, quer porque o seu trabalho implica uma quantidade considerável de deslocações, quer devido ao estatuto profissional do indivíduo.

De acordo com o CIPD (2007a), alguns empregadores pagam salários mais elevados em vez de oferecerem benefícios aos trabalhadores. Os trabalhadores podem, subsequentemente, comprar a gama de benefícios que preferirem, reflectindo as suas circunstâncias individuais. Esta abordagem, designada por "salário limpo", é facilmente comunicada, compreendida e administrada. As consequências do "salário limpo" incluem:

• Que pode custar mais a um trabalhador comprar prestações do que à sua entidade patronal.

• Para o empregador, os custos administrativos são reduzidos e simplificados.

- Permite ao empregador fazer publicidade a salários aparentemente elevados.

- Os trabalhadores podem passar o seu tempo de trabalho a procurar as melhores ofertas.

- Os trabalhadores podem tomar más decisões que só se tornarão evidentes ao longo de muitos anos.

- Existem vantagens fiscais associadas à concessão de algumas prestações.

- A entidade patronal terá de lidar com as consequências da venda incorrecta de prestações aos trabalhadores, ou de uma má escolha dos trabalhadores, ou enfrentar um potencial problema de relações públicas.

- Embora os salários elevados sejam atractivos, limitam a capacidade de conceber um pacote de recompensas que contenha uma combinação de benefícios destinados a atrair, reter e envolver trabalhadores de alto nível.

- Algumas prestações constituem um requisito legal e os trabalhadores esperam que lhes sejam concedidas determinadas prestações.

Em alternativa, algumas entidades patronais oferecem aos trabalhadores a possibilidade de adquirirem prestações adicionais através dos chamados regimes de sacrifício salarial. Por exemplo, um trabalhador pode aceitar abdicar de parte do seu salário bruto em troca de uma contribuição equivalente para o seu regime de pensões, poupando impostos e contribuições para a segurança social tanto para a entidade patronal como para o trabalhador. O sacrifício salarial também pode ser utilizado para adquirir dias de férias adicionais e outras prestações.

Nos últimos anos, surgiu uma outra abordagem às prestações dos trabalhadores que permite aos indivíduos selecionar um pacote de prestações pessoais, até um determinado limite e a partir da gama total disponível. Habitualmente designada por prestações flexíveis (ou, por vezes, pelo seu nome mais antigo de prestações de cafetaria), representa uma oportunidade para os trabalhadores seleccionarem prestações específicas e/ou um nível de prestações específicas, conforme adequado às suas circunstâncias. Isto reflecte uma vantagem em si mesmo, uma vez que permite quantificar o direito do trabalhador às prestações e avaliar cada prestação disponível. O resultado é uma abordagem de seleção e combinação para fazer corresponder o pacote de prestações às necessidades e preferências do trabalhador, o que pode ser conseguido para maximizar o benefício e o impacto para um trabalhador e minimizar o custo para o empregador.

As vantagens de um regime de benefícios flexíveis são (CIPD, 2007b):

• Os trabalhadores escolhem as prestações que melhor correspondem às suas necessidades.

• Os trabalhadores valorizam mais as prestações escolhidas.

• Os regimes flexíveis de prestações sociais podem ajudar a minimizar as dificuldades de acordo com os prémios na sequência de fusões, aquisições, harmonização, etc.

• Os empregadores conhecem o custo total e o valor do pacote de benefícios.

• Os trabalhadores podem alterar as suas escolhas à medida que as suas circunstâncias mudam.

• Os trabalhadores sabem o valor total do pacote de benefícios que recebem.

• As entidades patronais podem eliminar as prestações que não são valorizadas e podem negociar condições muito favoráveis com os fornecedores de artigos populares.

• Os trabalhadores têm uma sensação de controlo e de envolvimento ao poderem escolher.

• Os casais com carreiras duplas podem minimizar a duplicação de prestações oferecidas pelas respectivas entidades patronais (e maximizar a gama total de prestações usufruídas).

• Os empregadores são vistos como mais reactivos às necessidades dos indivíduos.

• Um pacote de benefícios competitivo e abrangente é importante para atrair e reter funcionários de alta qualidade.

As desvantagens são:

• A sua criação e manutenção são complexas e dispendiosas (embora a tecnologia reduza os custos e a carga administrativa).

• As escolhas feitas podem, com o tempo, causar problemas tanto aos empregadores como aos trabalhadores.

Ao proporcionar prestações flexíveis, é necessário determinar quais as prestações que devem ser abrangidas pelo regime e com que frequência são permitidas alterações às selecções. Por exemplo, pode decidir-se que os trabalhadores não podem optar por não participar no regime de pensões da empresa ou que será fornecido um automóvel da empresa ao pessoal de vendas, a fim de proteger a imagem da empresa. A frequência com que um trabalhador deve ser autorizado a rever e alterar o seu pacote de benefícios é também uma decisão importante.

Normalmente, restringe-se a uma vez por ano, a menos que ocorram circunstâncias específicas, como uma promoção, casamento ou falecimento, entre as revisões. Pode também ser difícil para os trabalhadores compreenderem as escolhas que têm de fazer e as consequências das decisões que vão tomar. Algumas organizações prestam apoio pedagógico aos trabalhadores, ajudando-os a fazer escolhas informadas.

Seria normal que cada nível de uma organização tivesse uma gama de prestações especificadas como disponíveis para esse nível e que a gama e o custo das prestações aumentassem em função da antiguidade. Isto e a utilização de regimes de prestações flexíveis requerem que cada prestação seja avaliada e que a cada nível da organização seja atribuído um valor de prestações disponíveis. Nalguns regimes de benefícios flexíveis, os trabalhadores podem optar por comprar (ou vender) dias de férias em detrimento de (ou para ganhar) outros benefícios a que possam ter acesso. Também não é raro que os empregados sejam autorizados a "comprar" alguns benefícios fora do esquema formal de benefícios, por exemplo, um gestor com direito a um determinado tamanho de carro da empresa pode ser autorizado a actualizá-lo para um modelo mais caro em troca de uma dedução mensal do seu salário.

CAPÍTULO 5. GESTÃO DOS RECURSOS HUMANOS NOS BANCOS

A gestão dos recursos humanos (GRH) foi durante muito tempo negligenciada no sector empresarial do país, onde uma pequena parte, constituída principalmente por empresas multinacionais, a praticava. Com a crescente perceção da necessidade de uma gestão adequada dos recursos humanos no sector empresarial, esta tornou-se uma atividade importante. Atualmente, o responsável pela gestão de recursos humanos é um membro importante das equipas de topo de qualquer empresa próspera. Embora a ideia seja nova para muitas empresas locais onde os empresários estão no início da curva de aprendizagem, na realidade o tema está a receber apoio dos empresários organizados.

O sector bancário passou de um pequeno número de instituições que se dedicavam principalmente à aceitação de depósitos e ao financiamento do comércio para um mercado complexo com vários intervenientes, em que um grande número de bancos comerciais, instituições financeiras e bancos especializados operam com vários produtos e actividades. O sector bancário tornou-se uma atividade complexa no mercado financeiro, direta e indiretamente ligada a um crescimento nacional global e ao seu impacto enquanto parte integrante do segmento regional de um ambiente bancário global. Quase todas as instituições bancárias e financeiras estão envolvidas em várias funções num dia de trabalho e, por conseguinte, requerem uma equipa altamente eficaz e mão de obra adequada para gerir o espetáculo. Os objectivos da empresa só se traduzem em realidades viáveis e lucros com o elemento humano que desempenha o seu devido papel na obtenção dos resultados desejados. Assim, mesmo a elevada automatização exigiria um homem adequado por detrás da máquina para fazer as coisas acontecerem. Esta ideia foi concretizada pelas direcções de topo dos bancos progressistas.

Tal como muitos outros sectores organizados, o sector bancário requer uma mão de obra multifacetada para as suas várias necessidades de profissionais e pessoal de apoio. A gama pode exigir, por um lado, guardas de segurança com um nível de formação razoável e, por outro, um profissional altamente qualificado e treinado como diretor de finanças empresariais. Com a liberalização das actividades no sector bancário, por exemplo, uma maior ênfase no financiamento do consumo e da habitação e nos empréstimos pessoais, etc., a banca transformou-se numa atividade mais baseada no mercado, em que os bancos alargaram o seu alcance às portas dos clientes, tornando a atividade bancária mais prática. Este facto veio realçar ainda mais a necessidade de uma utilização adequada da mão de obra para gerir os bancos de forma eficiente. Durante muitos anos, os bancos, tal como outras instituições, geriram esta atividade sensível através dos respectivos departamentos de pessoal. Isto significa que os recursos humanos eram geridos como outros activos físicos, por exemplo, peças de mobiliário, calculadoras, equipamento e aparelhos. Os departamentos de pessoal ocupavam-se essencialmente da aprovação de licenças, do tratamento de empréstimos ao pessoal, da emissão de avisos de justificação, da realização de inquéritos disciplinares e da cessação de funções.

O recrutamento era uma função de rotina e era efectuado de forma mecânica para contratar pessoas com habilitações literárias específicas, independentemente do seu valor real para a instituição. As histórias de sucesso de grandes empresas bancárias demonstram que a gestão de recursos humanos é muito diferente da gestão de activos físicos. O cérebro humano tem a sua própria química peculiar. A sua forte capacidade sensorial e de tomada de decisões tem de ser grandemente realçada pelos empregadores. A força de trabalho, constituída por todos os níveis de empregados, está constantemente a pensar em muitas dimensões. Por um lado, é o dever e a tarefa que lhes são atribuídos e pelos quais são pagos pelo empregador e, por outro, pensam nas suas metas e objectivos a longo prazo.

De modo algum, os seus cérebros podem ser controlados para pensar para além da situação atual de emprego. Gerir esta força de trabalho instruída, competente e fiável não é uma tarefa fácil. Alguns dos desafios actuais enfrentados pelo sector bancário em termos de gestão de recursos humanos podem ser os seguintes:

Força de trabalho eficaz: Uma tarefa morosa e agitada é a procura do talento certo. É como sentar-se junto ao rio e esperar que o peixe certo o apanhe. Quanto maior for o valor profissional da vaga, mais difícil será a procura.

A identificação do material adequado, seguida de negociação, é o elemento que torna o trabalho difícil para o empregador. Os bancos estão muito interessados em preencher dois tipos de vagas de profissionais.

Os que são excelentes profissionais, com uma atitude de grande saltitar de emprego - são os que entram, trabalham durante algum tempo e depois partem para melhores perspectivas. Outros são aqueles que são muito bem escolhidos, formados e, de alguma forma, retidos para serem desenvolvidos como futuros gestores dentro do banco.

Os estagiários de gestão são um fenómeno cada vez mais popular, em que os bancos contratam licenciados em gestão recém-formados e em que uma certa percentagem destes profissionais bem equipados permanece na organização para crescer nas pegadas dos gestores de topo. Os empregos no sector bancário, sendo aparentemente lucrativos para muitos, atraem um grande número de candidatos em relação às vagas anunciadas nos meios de comunicação social, criando um grande problema de gestão da base de dados. Este facto foi facilitado por agências de contratação especializadas que podem assumir a tarefa de contratação em caso de grande número de vagas.

As pessoas certas: O objetivo mais difícil da gestão de recursos humanos no sector bancário é manter as pessoas certas. O crescimento súbito da banca de retalho e de outros serviços pressionou os gestores de RH dos bancos a contratarem mais profissionais num curto espaço de tempo, atraindo assim mão de obra de outros bancos com pacotes atractivos, o que tornou o mercado de trabalho muito competitivo. Normalmente, um banco investe tempo e dinheiro para contratar e formar a mão de obra adequada para as suas próprias operações. Esta mão de obra pronta é frequentemente identificada e subsequentemente recrutada em melhores condições por outros bancos.

Remuneração: Quanto pagar ao trabalhador certo e quanto pagar ao trabalhador com um desempenho excecional. Tradicionalmente, os bancos têm seguido tabelas salariais com aumentos pré-determinados, tabelas salariais, bónus e benefícios adicionais baseados no tempo, como adiantamento de carro e casa, gratificações, pensões, etc. Atualmente, um salário de base com fórmulas tradicionais de ligação a instalações médicas e outras não tem qualquer efeito calmante.

A promessa de crescimento futuro, a cultura de aprendizagem e a lealdade à empresa estão fora do dicionário e não significam nada para este trabalhador enérgico e competente de hoje. Um período de espera de 3 a 4 anos em cada quadro assombra os titulares que acreditam firmemente na compensação imediata. Há exemplos disso. Graças às modalidades de financiamento automóvel, o automóvel deixou de ser um objeto de fantasia. Um profissional recém-contratado precisa de um carro novo ou de um empréstimo automóvel no momento em que retoma as suas funções, contrariamente à sua raça anterior de bancários que esperavam pela antiguidade no emprego para poderem beneficiar de um empréstimo automóvel.

Satisfação profissional: Toda a gente no banco quer trabalhar no departamento preferencial, no local preferencial, na cidade da sua escolha e com o chefe do seu agrado. Um desvio administrativo de qualquer um destes factores resulta numa diminuição da satisfação no trabalho. Embora a contratação se baseie normalmente em requisitos regionais que fazem coincidir a área de atividade com a área de origem do trabalhador, outros elementos como a nomeação no departamento preferido e a preferência tornam a tarefa do gestor de RH bastante difícil.

O que o gestor de RH não pode permitir é que um trabalhador insatisfeito não só perturbe o bom funcionamento da empresa, como também espalhe o negativismo aos outros através da sua atitude desmotivada.

Reforço da moral: O que tem sido negligenciado há muito tempo é o reforço do moral dos empregados pelas organizações. Os seres humanos, mesmo que estejam satisfeitos com o seu bem-estar material, precisam de ser avaliados e encorajados constantemente. Os bancos inteligentes aperceberam-se desta necessidade e tomaram medidas para manter a sua força de trabalho motivada através de incentivos adequados, como prémios para o homem do mês, encontros repetidos, conferências, eventos desportivos, jantares, viagens patrocinadas pela empresa, reuniões, etc. É desta forma que os trabalhadores criam um sentimento de pertença.

CAPÍTULO 6. PAPEL DOS RECURSOS HUMANOS NOS BANCOS

A indústria bancária é uma potência altamente regulamentada que estabiliza o ambiente económico de nações em todo o mundo. Os bancos armazenam informações sensíveis e pessoais sobre os seus clientes e os bancos comerciais têm frequentemente um inventário mais valioso - dinheiro - do que outras operações de retalho. Os empregados bancários, desde os executivos aos caixas, devem ter um nível de integridade e fiabilidade mais elevado do que os empregados da maioria dos outros sectores, o que torna o papel dos RH no sector bancário muito mais importante.

Seleção de candidatos

Certos empregos não requerem uma verificação exaustiva dos antecedentes, mas qualquer emprego num banco requer, sem dúvida, essa verificação. Os departamentos de recursos humanos dos bancos têm de fazer um esforço adicional para descobrir o historial criminal e financeiro dos candidatos a emprego, para segurança dos seus clientes e da organização como um todo. É altamente improvável que os bancos contratem candidatos com fraudes financeiras nos seus registos, por exemplo, devido ao peso da tentação que uma posição num banco colocaria a alguém com esse tipo de historial.

Segurança bancária

Os departamentos de recursos humanos devem conceber e monitorizar os processos de trabalho para reduzir as oportunidades de roubo interno e conluio. As políticas de RH separam a receção, o armazenamento, o processamento e o desembolso de dinheiro e registam todas as actividades através de videovigilância. No caso de um empregado tentar roubar um banco, o departamento de RH deve tratar da documentação legal e dos processos administrativos exigidos pelos procedimentos judiciais.

Decisões de pagamento

Tal como noutros sectores, os profissionais de RH dos bancos têm um papel importante na tomada de decisões sobre aumentos salariais e promoções. As forças de trabalho dos bancos são únicas, na medida em que têm frequentemente dois métodos de pagamento aos empregados: salários para o pessoal administrativo e outros, e comissões para os empregados de vendas. As decisões de promoção dos vendedores que vendem empréstimos e outros produtos financeiros são diferentes das decisões de promoção do pessoal administrativo. Os departamentos de RH dos bancos devem gerir de forma equitativa e estratégica para desenvolver a força de trabalho.

Recrutamento de executivos

O sector bancário é altamente competitivo, e os bancos navegam constantemente num campo minado legal que pode devastar as empresas que saem da linha. Encontrar os executivos certos é crucial em qualquer sector, mas especialmente num em que a concorrência é tão feroz e a conformidade legal tão importante. Os profissionais de recursos humanos dos bancos têm de fazer um esforço adicional para recrutar os melhores talentos executivos no sector bancário, permitindo que as suas organizações prosperem e cresçam no futuro. Os departamentos de recursos humanos das empresas também têm de obter a aprovação do conselho de administração antes de recrutar alguém para preencher um lugar de executivo.

CAPÍTULO 7. VISÃO GERAL DAS NECESSIDADES DE GESTÃO DE RECURSOS HUMANOS NO SECTOR BANCÁRIO

Criar um melhor e mais diversificado conjunto ou portefólio de competências e conhecimentos é certamente o problema mais importante de cada pessoa com um perfil profissional específico. Isto porque o investimento na melhoria dos conhecimentos e das competências cria uma melhor posição no mercado de trabalho e, por conseguinte, a possibilidade de ganhar mais dinheiro. Uma maior consciência destes activos intangíveis detidos por um indivíduo e pela organização para a qual trabalha, tentou definir e clarificar a noção do tipo de capital "invisível".

Os sistemas de recursos humanos são a base para melhorar a qualidade dos serviços no sector bancário. Pfeffer (1994) afirmou que ter uma boa gestão dos recursos humanos significa proporcionar lealdade, empenhamento ou vontade. Isto conduzirá a um esforço suplementar em prol dos objectivos das organizações.

O capital humano é o nível de conhecimentos e competências que são recomendados e caracterizados por um trabalhador e que determinam, assim, a sua contribuição para a produtividade de uma organização, bem como a dimensão dos seus rendimentos. O sucesso na carreira, para além de critérios objectivos baseados nos conhecimentos e valores que constituem o capital humano, pode ser definido como um sentimento psicológico positivo relacionado com as realizações no trabalho. Assim, o sucesso na carreira iniciado pelo capital humano pode ser dividido em dois grupos:

- objetivo de sucesso na carreira relacionado com o nível de rendimento e realizado a posição na hierarquia da organização.

- sucesso subjetivo na carreira, relativo à satisfação com o trabalho.

O objetivo da investigação é confirmar empiricamente a importância do impacto do capital humano no sucesso da carreira e o facto de os factores que influenciam o desenvolvimento do capital humano também influenciarem o desenvolvimento da carreira. A investigação foi realizada com base num questionário em bancos e/ou sucursais de bancos que operam na República da Sérvia e na República da Macedónia. De acordo com as perguntas do questionário, os trabalhadores do sector bancário (474) expressaram a sua opinião sobre vários aspectos do capital humano e o seu efeito na carreira.

No sector bancário, espera-se que todos os trabalhadores tenham um elevado desempenho. Assim, as práticas de recursos humanos são revistas, pelo que a gestão de recursos humanos é uma das funções bancárias que registou mudanças significativas nas últimas décadas. A posição atual da gestão de recursos humanos está relacionada com a expansão global da atividade, as inovações tecnológicas e a concorrência que caracterizam o ambiente em que as empresas operam hoje em dia, e o sector bancário macedónio e sérvio não é exceção a este desenvolvimento global.

7.1. Metodologia de investigação

Este estudo investiga os factores que influenciam o desenvolvimento do capital humano e as suas classificações relativas em função da posição do colaborador na organização (cultura empresarial, progressão do colaborador e planeamento do sucesso na carreira). No que diz respeito às características da amostra, os colaboradores que participaram no inquérito eram de diferentes idades, géneros e posições na organização ou nos seus sectores. Para melhor compreender o significado do impacto do capital humano no sucesso da carreira e a perceção dos colaboradores sobre esta questão, os inquiridos eram colaboradores de vários departamentos e sectores que, por sua vez, desempenham diferentes tipos de funções (desde empregados de balcão, administrativos, agentes de campo, gestores de topo).

A análise estatística teve por base o questionário e um conjunto de procedimentos que, segundo os autores, constituem a melhor instrumentação de testes não paramétricos para avaliar a correlação de factores entre o desenvolvimento do capital humano, o sucesso na carreira e a posição dos colaboradores na organização. Esta análise inclui os seguintes procedimentos (que serão objeto de tratamento detalhado no próximo texto):

- Teste do qui-quadrado

- Teste U de Mann-Whitney

- O teste Z de Kolmogorov-Smirnov

- Regressão linear.

7.2. Confirmação da hipótese e discussão dos resultados da investigação

Após a realização de um inquérito e a recolha de dados, foram efectuadas análises utilizando o programa estatístico (SPSS) e o primeiro da série é um teste de qui-quadrado. Estas técnicas não paramétricas, entre outras coisas, tratam da análise da significância estatística da ligação entre duas ou mais variáveis. É necessário, em primeiro lugar, definir as hipóteses em que esta técnica se baseia:

- H0- Cada fator que afecta o desenvolvimento/nível do capital humano não afecta o mesmo sucesso na sua carreira

- H1- Cada fator que afecta o desenvolvimento/nível de capital humano afecta o mesmo sucesso na sua carreira.

Com base nos indicadores obtidos a partir da estatística do qui-quadrado e do nível de significância que é superior a 0,05, pode observar-se que este confirma a hipótese nula que diz que diferentes factores do capital humano influenciam de forma diferente o sucesso na sua carreira. Além disso, com base na experiência, estima-se que o valor dos coeficientes V de Phi- Cramer indica uma baixa correlação entre as variáveis no que respeita ao seu impacto no sucesso da carreira. Mais uma vez, isto significa que, dependendo da posição na organização e do nível de competência dos trabalhadores, os vários factores de desenvolvimento do capital humano têm uma importância diferente (correlação baixa entre variáveis que varia entre 0 e 0,3).

Chi-Square Tests

	Value	df	Asymp. Sig. (2-sided)
Pearson Chi-Square	2.877[a]	4	.579
Likelihood Ratio	2.882	4	.578
Linear-by-Linear Association	.177	1	.674
N of Valid Cases	474		

a. 0 cells (.0%) have expected count less than 5. The minimum expected count is 6.27.

Symmetric Measures

		Value	Asymp. Std. Error[a]	Approx. T[b]	Approx. Sig.
Nominal by Nominal	Phi	.078			.579
	Cramer's V	.055			.579
	Contingency Coefficient	.078			.579
Interval by Interval	Pearson's R	-.019	.044	-.420	.675[c]
Ordinal by Ordinal	Spearman Correlation	-.007	.045	-.145	.885[c]
N of Valid Cases		474			

Fonte: Resultados dos autores com base nos dados disponíveis

Dado que o teste U de Mann-Whitney acima mencionado permite concluir que as diferentes posições dos trabalhadores classificaram de forma diferente os factores individuais do capital humano. Por outras palavras, as diferentes posições dos trabalhadores atribuem uma importância diferente aos factores que afectam o capital humano. Assim, a hipótese nula é provada, o que, neste caso, significa que os níveis mais baixos de empregados (funcionários comuns, caixas) atribuem muito mais importância aos factores de desenvolvimento do capital humano e de sucesso na carreira do que a gestão de topo, que se encontra na posição mais elevada. Uma vez que a amostra de observações é superior a 30, o programa estatístico calcula a estatística (Wilcoxon), o que prova que existem diferenças na classificação dos factores de desenvolvimento do capital humano entre as categorias de trabalhadores ($z = -0{,}42$, $p = 0{,}67$). No que diz respeito ao teste Z de Kolmogorov-Smirnov, que define a distribuição normal dos dados, podemos dizer que existe um certo desvio moderado da normalidade, considerando que este valor deve apontar para 0. Com uma transformação logarítmica adicional das variáveis ou uma função quadrática pode afetar a distribuição, a assimetria e a profundidade, devido à simplicidade matemática que será examinada neste documento.

Ranks

	Employment Category	N	Mean Rank	Sum of Ranks
Corporative culture	Clerical	363	225.14	81726.00
	Manager	84	219.07	18402.00
	Total	447		
Employee advancement	Clerical	363	226.76	82312.50
	Manager	84	212.09	17815.50
	Total	447		
Career success planning	Clerical	363	225.12	81717.50
	Manager	84	219.17	18410.50
	Total	447		

Test Statistics[a]

	Corporative culture	Employee advancement	Career success planning
Mann-Whitney U	14832.000	14245.500	14840.500
Wilcoxon W	18402.000	17815.500	18410.500
Z	-.423	-1.001	-.413
Asymp. Sig. (2-tailed)	.672	.317	.680

Test Statstics[a]

		Corporative culture	Employee advancement	Career success planning
Most Extreme Differences	Absolute	.061	.080	.056
	Positive	.004	.000	.002
	Negative	-.061	-.080	-.056
Kolmogorov-Smirnov Z		.505	.657	.459
Asymp. Sig. (2-tailed)		.961	.780	.984

a. Grouping Variable: Employment Category

Fonte: Resultados dos autores com base nos dados disponíveis

Quando falamos de regressão linear, que é aplicada à análise dos dados obtidos no inquérito, há vários aspectos importantes que devem ser observados ao interpretar os resultados sobre a importância dos factores que afectam o desenvolvimento/nível do capital humano, a força das suas correlações e relações com outras variáveis. Neste modelo de regressão, como variável dependente foram tomadas as categorias de emprego, que são explicadas anteriormente, efectuada a divisão dos trabalhadores em três grupos (funcionários comuns, chefes de determinadas funções dentro da gestão de topo do banco). Assim, a observação de como a variável dependente está correlacionada com as variáveis independentes no modelo de regressão, que tem quatro (cultura empresarial, progressão na carreira, sucesso no planeamento da carreira e o salário efetivo).

As tabelas seguintes do modelo de regressão, que neste caso examinou o impacto que certas categorias de trabalhadores têm em determinados factores de desenvolvimento do capital humano, são as mais importantes quando se trata de interpretar os resultados. O coeficiente de correlação múltipla R, que mostra uma correlação linear entre os valores originais da variável dependente e os valores previstos pelo modelo da variável dependente, é de 0,780, o que indica uma relação muito forte. O coeficiente de determinação mostra que mais de 60% da variabilidade da categoria dos trabalhadores pode ser explicada pelo modelo de regressão, ou seja, pelas variáveis independentes que pertencem ao capital humano. O coeficiente de determinação ajustado (0,605) é muito próximo, quase idêntico ao valor do coeficiente de determinação normal, devido ao rácio favorável de variáveis independentes e ao número total de inquiridos - observações (o número de variáveis independentes é 4 e o número de observações 474).

Model Summary^b

Model	R	R Square	Adjusted R Square	Std. Error of the Estimate	Change Statistics					Durbin-Watson
					R Square Change	F Change	df1	df2	Sig. F Change	
1	.780ª	.609	.605	.486	.609	145.801	5	468	.000	1.673

Fonte: Resultados dos autores com base nos dados disponíveis

Quanto ao procedimento ANOVA no âmbito do modelo de regressão, examina a validade de um modelo de regressão com a população estatística. Trata-se de provar a hipótese de que:

H0: R2 = 0 ou H1: R2 ≠ 0

Com base nos resultados da coluna Sig. = 0,000, conclui-se que a hipótese nula é rejeitada e que o coeficiente de determinação é superior a 0, o que é estabelecido. Isto permite certificar que o modelo de regressão explica uma quantidade significativa de variabilidade na variável dependente.

ANOVA^b

Model		Sum of Squares	df	Mean Square	F	Sig.
1	Regression	172.219	5	34.444	145.801	.000ª
	Residual	110.559	468	.236		
	Total	282.778	473			

Fonte: Resultados dos autores com base nos dados disponíveis

Na tabela final de coeficientes observados os coeficientes beta padronizados representam a altura da significância da influência de algumas variáveis independentes sobre a variável dependente. De facto, estes coeficientes são variáveis independentes reduzidas sobre o mesmo fenómeno, pelo que todas as variáveis independentes são tratadas da mesma forma, com a mesma escala de avaliação. Logicamente, alguns valores dos coeficientes β são negativos, o que está em consonância com os coeficientes de correlação dos resultados apresentados anteriormente. No que diz respeito aos factores que afectam o nível de capital humano, a cultura empresarial é ligeiramente superior e tem precedência em relação à progressão na carreira e ao sucesso no planeamento da carreira. O elevado valor do coeficiente β para o salário atual como variável independente, variável essa que, tal como as predisposições numéricas e outras especificidades destes diferentes factores do capital humano, é esperado. Isto deve-se ao facto de o salário, de alguma forma, assinalar as diferenças na hierarquia de uma organização.

Coefficients[a]

Model	Unstandardized Coefficients		Standardized Coefficients	t	Sig.	Correlations			Collinearity Statistics	
	B	Std. Error	Beta			Zero-order	Partial	Part	Tolerance	VIF
(Constant)	.232	.125		1.847	.065					
Corporative culture	.019	.062	.020	.304	.761	-.019	.014	.009	.196	5.098
Employee advancement	-.026	.039	-.028	-.664	.507	-.049	-.031	-.019	.475	2.104
Career success planning	-.006	.060	-.007	-.104	.917	-.018	-.005	-.003	.213	4.704
Educational Level (years)	.000	.010	-.003	-.080	.936	.514	-.004	-.002	.563	1.776
Current Salary	3.538E-5	.000	.781	20.290	.000	.780	.684	.586	.563	1.775

Fonte: Resultados dos autores com base nos dados disponíveis

CAPÍTULO 8. CONCLUSÃO

A análise da influência do capital humano no sucesso da carreira tem um papel crucial para cada indivíduo num ambiente turbulento no mercado de trabalho. O sector bancário também é intensivo em capital humano e desempenha um papel fundamental para os bancos atingirem os seus objectivos e oferecerem serviços aos seus clientes. Atualmente, o rápido progresso da tecnologia, a globalização e os princípios do progresso da "economia do conhecimento" são dominantes. Esta é a razão para qualquer indivíduo que esteja a construir a sua própria carreira pensar em como ser o melhor e como melhorar a qualidade do seu trabalho. Assim, pode reconhecer-se aqui o mercado de trabalho cada vez mais competitivo, que elimina os "jogadores fracos" devido à sua incapacidade de se adaptarem às tendências modernas e às necessidades do pessoal.

A gestão da carreira consiste em equilibrar as necessidades do indivíduo com as necessidades da organização. Faz inevitavelmente parte do processo de planeamento dos recursos humanos e está intimamente ligada ao planeamento da sucessão, ao desenvolvimento dos trabalhadores e ao desenvolvimento da gestão. Por conseguinte, numa perspetiva individual, a gestão da carreira reflecte as práticas e os processos de desenvolvimento que a pessoa empreende quando procura prosseguir o seu trabalho específico e as suas preferências profissionais ao longo do tempo. Do ponto de vista organizacional, a gestão de carreiras reflecte as políticas e práticas adoptadas para garantir a disponibilidade interna de um número adequado de pessoas com formação e capacidade adequadas, necessárias à organização a todos os níveis da hierarquia, a curto, médio e longo prazo.

Como tal, a gestão de carreiras tem um papel importante a desempenhar no recrutamento e retenção de indivíduos de alto calibre que, através do desenvolvimento da carreira e das oportunidades oferecidas por uma organização, descobrem que as suas aspirações pessoais coincidem com as da organização. É claro que nunca pode haver uma correspondência garantida ou específica a longo prazo entre as aspirações de carreira de um indivíduo e as da organização empregadora. Os indivíduos podem desenvolver interesses e procurar oportunidades que o empregador não pode oferecer; um indivíduo pode procurar uma promoção numa altura em que o empregador não tem essa oportunidade disponível; um empregado pode procurar alterar o seu equilíbrio entre a vida profissional e a vida privada.

Há muito que os países desenvolvidos sabem que o capital humano é o maior ativo que possuem. Mesmo em muitas análises de marketing, o elemento "pessoas" figura entre os principais elementos dos programas de marketing que garantem o sucesso no mercado (produto, promoção, distribuição, preço, embalagem, planeamento, pessoas...). Com cada perda, por mais pequena que seja, do capital humano de que a organização dispõe, esta perde parte do seu conhecimento, o que representa essencialmente uma forma de reduzir a vantagem competitiva. Por isso, a principal tendência de desenvolvimento da organização deve ser, para além de outras actividades, a criação, desenvolvimento, sustentabilidade e preservação do capital humano de que dispõe.

O planeamento da carreira é muito importante, uma vez que contribui para melhorar o desempenho financeiro e a inclusão financeira nos bancos. Estes planos para uma carreira de sucesso devem reconhecer o facto de que o pessoal que trabalha no banco tem necessidades, desejos e capacidades únicas. O outro facto é que o empregado nos bancos fará melhor o seu trabalho se o banco responder às suas aspirações e necessidades. Além disso, se os bancos derem ao pessoal bancário as oportunidades certas, encorajamento e orientação, os indivíduos podem crescer, mudar e procurar novas direcções.

A gestão dos recursos humanos dos bancos deve esforçar-se por promover melhores relações entre os trabalhadores, a fim de criar um ambiente de trabalho amigável. Isto leva a um aumento do nível de empenhamento dos empregados na execução das funções do trabalho bancário, contribuindo assim para a realização de um melhor desempenho financeiro dos bancos.

Ao falarmos neste livro sobre o capital humano, juntamente com todos os elementos que o acompanham, podemos concluir que se trata de um elo importante na atividade de determinadas organizações, mas também de um elo que torna os trabalhadores mais produtivos e bem sucedidos nas suas carreiras. Só os trabalhadores com um forte potencial do seu próprio capital humano para o sucesso na carreira podem criar um ambiente de trabalho que produza resultados. O livro determina que a gestão de recursos humanos (GRH) no sector bancário deve integrar programas de planeamento estratégico de recursos humanos na estratégia de todos os bancos. Isto sublinha o significado essencial de conceber uma política de recrutamento eficaz com estas estratégias, bem como a formulação e implementação de uma política de recompensa ativa. Além disso, os bancos devem incluir uma formação e um desenvolvimento mais activos para os empregados.

REFERÊNCIAS

Armstrong, M. e Stephens, T. (2005) *A Handbook of Employee Reward Management and Practice.* London: Kogan Page.

Arthur, M.B., Khapova, S.N., Wilderom, C.P.M., (2005) Career success in boundaryless career world Journal of Organizational Behavior, vol.26,no.2, p.177202.

Ballout, H.I., (2007), Career success, Journal of Managerial Psychology, Vol. 22 Iss 8 p. 741-765

Boselie, P., Paauwe, J. e Jansen, P.J. (2001a), Human Resource Management and Performance: Lessons from the Netherlands. *International Journal of Human Resource Management, Vol.12, 1107-25.*

Boyatzis, R.E. (1982) *The Competent Manager: A Model for Effective Performance.*

Brown, D. e Armstrong, M. (1999) *Paying for Contribution.* Londres: Kogan Page.

CIPD (2007a) *Factsheet - Employee Benefits an Overview* (fevereiro). Disponível em www.cipd.co.uk (último acesso em dezembro de 2007).

CIPD (2007a) *Learning and Development: Annual Survey Report 2007.* Londres: CIPD.

CIPD (2007b) 'Competency and competency frameworks' (Competências e quadros de competências). *Factsheet: abril.* Londres:

CIPD (2007b) *Factsheet - Flexible Benefits* (abril). Disponível em www.cipd.co.uk (último acesso em dezembro de 2007).

CIPD. Disponível em www.cipd.co.uk (último acesso em janeiro de 2008).

Den Hartog, D.N. e Verburg, R.M. (2004), High Performance Work Systems, Organizational Culture and firm Effectiveness. *Revista de Gestão de Recursos Humanos,* Vol.14:1, 55-78.

Drucker, P. F. (1999a), "Knowledge-worker productivity: the biggest challenge", California Management Review, Vol. 41 No. 2, p. 79-94.

Eby, L.T., Butts, M., Lockwood, A., (2003) Predictors of success in the era of boundaryless careers, Journal of Organizational Behavior, , vol.24,no.5, p. 689 -708.

Fu, J.C., Fu, P. (2008) Study of the Relationship between human capital and occupational mobility: the role of human capital. Chinese Journal of Ergonomics, vol.14, no3, p.36-40.

Greenhaus, J. H., Parasuraman, S., Wormley, W., (1990) Effects of race on organizational experiences, job performance evaluations, and career outcomes , Academy of Management Journal, vol.33, p.64-86.

Guo,W., Xiao, H., Yang, X., (2012) An Empirical Research on the Correlation between Human Capital and Career Success of Knowledge Workers in Enterprise, Conferência Internacional sobre Dispositivos de Estado Sólido e Ciência dos Materiais, Faculdade de Gestão e Economia, Dalian, China

Heslin, P.A., (2005) Conceptualizing and evaluating career success, Journal of Organizational Behavior, p.113-136

Lado, A.A. e Wilson, C.M. (1994), Human Resource Systems and Sustained Competitive Advantage, A Competency-Based Perspective, *Academy of Management, Review,* Vol.19, 699-727.

Pfeffer, J. (1994), *Competitive Advantage through People: Unleashing the Power of the Work Force*, Boston, MA: Havard Business School Press.

Salaman, G. e Taylor, S. (2002) "Competency's consequences - changing the character

Schein, E. H. (1978). Career Dynamics: Marching Individual and Organization Needs. Reading, MA: Addison-Wesley.

Schuler, R.S., Dowling, P.J., & De Cieri, H. (1993), An Integrative Framework of Strategic International Human Resource Management. *Journal of Management,* Vol.19, 419-459.

Stone, R. (1998), *Human Resource Management.* New York: Wiley.

Teagarden, M.B & Von Glinow, M.A (1997), Human Resource Management in Cross Cultural Context: Emic Practices versus Etic Philosophies". *Management International Review,* Vol.37:1, 7-20.

Tessema M, Soeters J (2006), Challenges and prospects of HRM in developing countries: testing the HRM-performance link in Eritrean civil service. Int. J. Hum. *Resource Management,* Vol.17:1, 86- 105.

Wright, P.M., McMahan, G.C. e McWilliams, A. (1994), Human Resources and Sustained Competitive Advantage: A Resource-based Perspective. *International Journal of Human Resource Management,* Vol. 5, No.2, 301-326.

yes
I want morebooks!

Buy your books fast and straightforward online - at one of world's fastest growing online book stores! Environmentally sound due to Print-on-Demand technologies.

Buy your books online at
www.morebooks.shop

Compre os seus livros mais rápido e diretamente na internet, em uma das livrarias on-line com o maior crescimento no mundo! Produção que protege o meio ambiente através das tecnologias de impressão sob demanda.

Compre os seus livros on-line em
www.morebooks.shop

MIX
Papier aus verantwortungsvollen Quellen
Paper from responsible sources
FSC® C105338